JN439099

형설지공

형설지공

螢雪之功

임미숙 시집

세종출판사

자서

등단 한지도 벌써 수년이 되었다.

부모님의 사랑과 그리움은 세상살이를 하면 할수록 더욱 깊어가고 절절하였다. 그 그리움을 시로 표출한 것을 시작으로 세상을 바라보는 인식 또한 표출하고 싶은 욕망을 시라는 장치에 의지하여 표출해보곤 했으나 세상에 내놓기가 부끄러워 망설였다.

이 봄 새싹이 움트듯 그 용기를 내어 본다.

읽어 주는 독자들에게 행운이 있기를 바라며.

2023

임 비 숙

차례

제1장

제2장

제3장

제4장

• 작품해설

제1장

굽은 등

참빛이 엄니 머리 위에서 바쁘니
방 구석에 허리 접고 누워있던
몸뻬가 먼저 일어선다

굽은 등이 펴진다

엄니 뭐 하러 가요
이제 그 일 좀 그만하랑께요
듣는 척도 안 하고 나간다

이놈아 사람은 자고로
일을 해야 한당께
일이 없으면 죽는 거야
너그들도 다 이렇게 해서 기웠당께
암말 하지 말어

엄니 굽은 등
키 보다 더 높은 짐을 싣고
그 높은 자식 사랑도 싣고
힘든 고개를 넘고 있다 2019.10.31

낙타

극한의 땅
척박한 곳에서

앞만 보고 걷는 충직함

동백처럼 푸르른 삶
기세 등등
불호령하던 시절

다 어디 갔을까
낙타처럼 굽은 등

처진 어깨
천근 같은 무게를 안고
오직 자식 사랑

힘든 고비 길 넘기고

땅만 보면서 걷는다

2020.07.02

아버지의 고무신

동이 트기 전 문풍지가 펄럭인다
푸른 들판 안부를 전하는 하루의 일상
삽이 어깨에 동행하고
고무신 발걸음 바쁘다

새벽 일상이 끝나고
밥상에 하얀 쌀밥이 고봉으로 담기고
조금 남겨주길 기다리는 막내
그 달콤함은 잊을 수 없다

그 자리는 외로운 자리
근엄함 을 지키기 위한 살얼음 같은 냉랭함
침묵 속에서도 사랑이 자리한다
고무신 닳는 만큼 자식들은 성장하고

오일장 나들이
고무신 반질반질 윤이 나고
손에 쥐어 줄 선물 손꼽아 기다린다

대문 앞 푸르른 감나무 고목이 되고

지금은 댓돌 위에 놓인 하얀 고무신
홀로 외롭다

2019.03.21

장마 옹기에 담다

쌩긋 햇살이 비치더니
이내 먹구름이 몰려온다
앞도 보이지 않는 눈물 비
여름의 긴 장마가 찾아오고 있다

눅진한 온돌방
아궁이에 군불이 활활 타고
가마솥엔 수제비 익어가는 소리
마루에 앉아 옹기종기
귀 기울인다

저 시원한 에너지
무성한 이파리 꽃잎 속
오염 씻어 내리고
응어리진 마음
미운 감정
강물로 다 떠나보낸다

텅 빈 들

다시 맑은 생명수 가득가득
그리움도 가득가득
옹기에 담는다 2020.06.25.

이불

하늘 위에 덕석을 펴고
몽실몽실한 솜을 풀어놓고
솜이불 만들기로 바쁘다

시집갈 딸아이 이불 채비
어두운 눈을 비비며
눈물 한 방울 흘리고
코도 훌쩍훌쩍

바다 같은 마음
손수 만드는 정성

오월의 여왕 장미
흐드러진 넝쿨
꽃잎 따다 얹고
바느질에 사랑을 꿰맨다

울 어머니도 나를 시집보낼 때
이랬을까

햇살 같은 목화솜 이불
얼굴을 묻으면
어머니 품처럼 포근하다 2022.05.12.

별. 그리움

가을은 빨갛게 익은 감을
주렁주렁 달고
가을볕에 빛나고 있다

구순의 노모
자나 깨나 자식 걱정
굽은 허리 동여매고
한 잎 한 잎 정성으로 가꾸고 말린 손길
주름진 얼굴
그리움이 고여 있다

보고픈 얼굴 가슴에 꼭 묻고
어둠을 홀로 맞이하는 방안

하늘엔 무수히 셀 수도 없는 별 무리
우수수 떨어질 것만 같다
저 별은 자식별
보고픈 자식별
처진 눈꺼풀 눈이 짓무르고

그리운 마음 가슴에 꼭 감춘다 20181018

노모

점점 불러오는 배
둥근 보름달이 되었다

팔순 노모는
연신 장보기 분주하다
이것저것 쌓고 또 쌓고
부족하다며 준비하는 손발이 바쁘다

집 앞 감나무엔 단감이 익어가고
밤나무 밤알도 익어갈 때
노모는
영글어 가는 기쁨에도 그리움이 켜져 간다

이제나저제나 올려나 삽사리 문 보며
눈시울이 짓무른다

니들 먹는 것만 봐도 내 배가 부르데 이
자식들 먹는 것만으로도 흐뭇한 노모
박스 박스 담아주며 쓸쓸한 손을 흔든다

가슴 깊이깊이 쌓인 정
평생 잊지 못하는 사랑 2018.09.27

분가

따스한 봄이 몰고 온 감동
시대 따라 분업화가 이루어지고
정도 나누어야 할 때가 있다
복잡하게 살아가던 현실
편안하게 살아가라고
사랑으로 내놓은 정성
평생을 근검절약을 미덕으로 살아온 당신
자식을 위해 희생하던 삶
그 사랑을 알았을 때는 이미 떠나가고 없다
당신보다 더 나은 삶 이 기를 바랐던 심정
텅 빈 둥지가 설렁하다

아버지

해 질 녘 헛기침 소리 들린다
군기 나팔소리 울리면
일렬로 나열을 한다

군기 빠지면 하늘에서 천둥이 친다
어쩌다 자리가 비면
번개가 친다

불호령 천둥번개에도
듬직한 주춧돌이 되고
믿음에 반석이 되었다

넓은 들 물 보기는 아버지 몫
새벽이슬 받으며 물꼬 트고
닫던 모습
아버지의 알곡 우리는 커갔다

지금은 빈자리 그 사랑이 그리워진다

맏언니
- 칠순을 맞아

팔 남매 맏이로 태어나
기둥으로 우 뚝 솟아
코 흐리게 주렁주렁 알맹이를 달고 따를 때
책임감과 사랑으로 돌보던 어린 시절
미용실이 필요 없는 솜씨로
알맹이 들 단장해 주며
머리모양 뽐내던 실력

둥지를 떠날 때가 된 듯 맞선 보던 날
샛문으로 숨어 보았네
족두리 쓰고 둥지 떠나던 날
골목길 돌아서며 눈물 적셨네

고향 두고 도회지로 떠나던 날
눈물이 앞을 가려 뒤돌아보는
발걸음은 어둠이었네

사랑스러운 사 남매 봄꽃처럼
아름다워라
자식 앞서 남편 앞서 보내는 심정
가슴엔 피멍이 들었네

이제 고희를 맞아
뒤돌아보면 꿈같던 세월
부지런히 살아온 생애
자식 앞에 늠름하고
든든한 버팀목이 되어
가정화목 지키는 주춧돌이 되네

백수까지 만수무강 영원하길 기원하네

고향 가는 길

이름만 들어도 정겨운 이름
설레는 마음
부푼 풍선이 된다

밤나무 대추나무
가을볕에 영글어가고
발갛게 익은 감나무
그리움만큼 붉게 물들어 간다

뭉게구름 흘러 흘러 우체부가 되고
종달새 노래 부른다
잠자리 사뿐사뿐 춤추며
동행한다

고향산천 십릿길
옛 모습 그대로인데
정겨운 이들은 볼 수도 없고
그래도
고향 향취에 흠뻑 젖는다 2019.09.19.

가을걷이

누렇게 익은 벼들이
일제히 고개를 숙이고
반갑게 인사를 한다

참새들의 지저귀는 소리
들판은 세레나데로 풍성하다
틈을 주지 않고 버티는 허수아비
숨바꼭질로 바쁘다

추수를 하는 날
하늘이 왠지 새코롬 하다
해마다 하는 일이지만
예측이 빗나가고 있다

텃밭에 빨간 고추가
탈출을 꿈꾸고
언덕배기 동백의 수줍은 미소
순정을 다해 지키겠다는 저 붉은 각오

날씨는 아직도 새코롬 하고 2020.12.03

어머니의 신발

한생을 돌고 돌아왔다
때로는 가시밭길도 걷고
꽃길도 걸어온 생

수평선처럼 까마득한 길
파도처럼 출렁이며 살아온 세월
가슴은 무거운 수레 같다

문득 발을 보니
통통 풍선이 되어 있고
이쁜 신발은 그림의 떡
긴 세월 동고동락했던 분신
댓돌 위에 가지런히
다소곳이 미소 짓는다

너는 세상을 다 품고 있다 2021.04.29

항아리

햇살 반짝이는 장독대
배불뚝이 단지들
저마다의 사연을 안고
제자리를 지키고 있다

장맛이 최고라고 우기는 장 단지
건강에 최고라고 설치는 된장 단지
미모는 최고라고 잘난 체하는 고추장 단지

네가 최고라고 우기지 마라
번데기 앞에서 주름잡는다고
웃고 있는 제일 큰 힝아리
어머니 사랑이 넘치고 있다
온갖 맛있는 것 보관하는 성성 단지

최고의 인기를 누리는
아이들의 간식 단지

햇살 아래 맹꽁이 배처럼 불룩
정성 가득 사랑 가득
품고 있다

2021.05.20

걸음마 연습

아가야 까치 한 마리
걸음마 연습 중이다
아장아장 걸으며
초롱초롱 눈을 뜨고
신기한 듯 쳐다본다

은행나무 위 엄마 아빠
눈을 부릅뜨고 지켜보고 있다

부모 심정은 똑같다

우리 엄니가 나를 걸음마 시키며
저랬을 거다

엄마 가슴만큼 자란 나
따뜻한 가슴은 떠나가고
5월의 푸르른 날
카네이션을
이제 어디에다 달아줄까 2022.04.28

김장하는 날

스산한 바람이 분다
거리엔 낙엽이 뒹굴고
월동준비로 바빠진 두 손

보금자리에 온 청춘 들
사랑받기에 여염이 없다
이쁘지 않은 것은 잘라내고
단장을 한다

반질반질 윤 이난 무
푸른 드레스 입은 고귀한 배추
작은 걸음으로 도착한 쪽파
가시를 돋치며 바삐 온 갓 친구
한자리에 모두 모였다

얽히고설키고 어화둥둥 신났다
제가 최고라고 우긴다
삼겹 친구가 놀려오고
월동이 와도 끄떡없다

정성 담긴 어머니 손맛
잊을 수 없는 그리움
해를 더하며 추억이 쌓여간다　　2020.11.05

어머니의 추석

새벽닭이 울기 전
분주해진 손길
종종걸음 장에 가신 어머니

손꼽아 기다리던 고사리손에
지어주는 눈깔사탕

지고 들고 힘에 겨운 보따리
먼지 나는 신작로 길
고무신이 뽀 애도
굽은 등에 추석이 설렌다

황금으로 익어가는 들녘도
어머니 마음이다

한가위
온 가족 둘러앉아 송편 빚는
가족들 손에는 둥글둥글
보름달이 떴다

유년의 그 추억은 어디 가고
올 추석 내 마음은
텅 빈 항아리다

2021.09.16

요양병원에서

수양버들 늘어진 개천
축 늘어진 어깨로
천근 같은 짐 내려놓고
지나 간 삶을 놓아버린 채
마냥 어린아이가 되었다

욕망과 의욕은 다 사라지고
든든하고 믿음직스러움은
다 버리고
모성을 잃은 채
친구가 되길 원한다

눈깔사탕 사주며
어르고 달랬던 어머니
아이처럼 맛있는 거 좋아하고
같이 놀자고 보챈다
어릴 적 동무했던 그 시절로

태산같이 높은 사랑
굽은 등에 기대도
든든했는데

나약해진 손을 꼭 잡는다 2021.05.12

별이 된 사랑이

별처럼 초롱초롱한 눈
아장아장 걸으며
픽하고 쓰러진다

엄마를 떠나 보금자리로 온 너
삐뚤삐뚤 픽
낯선 곳에서 중심을 잡지 못했던 너

꼭 안고 먹이를 먹였던 귀염둥이
언제 그랬냐는 듯 힘이 나고
씩씩해졌었지
너와의 사랑으로
눈은 더 초롱초롱 해지고
귀염을 부리며
소통이 가능해지고
눈빛으로도 모든 걸 알 수 있었다

너는 우리의 즐거움이었고
너로 인해 기쁨이었고
너는 우리의 행복이었고
우리 삶의 활력이었다

너와의 영원할 것 같은 믿음

끝이 없을 줄 알았다

영원할 거 같은 믿음이 깨지고
별이 된 너

가슴에 담는다

2020.07.24

이별연습

불호령으로 엄하신 모습
언어엔 힘이 불끈불끈
정이 넘치시던 마음

어느 순간 말문을 닫으시고
따뜻한 대화 한번 못하고
오직 응 아니오로
일관하며 보낸 세월
가슴 아픈 사랑이여

지극히 사랑했던 가족들
장미꽃처럼 품으며

모든 것 내려놓고

힘없는 어린아이같이
두 손을 꼭 잡는다 2021.04.15

거북이

썰물과 밀물이 밀려오는 백사장
너울에 울렁울렁
바람에 밀리며
파도에 몸을 싣고
밀려왔다 밀려간다

어느 왕족에서 건너온 너
몸에 갑옷을 두르고
투사의 용맹이 넘친다

서두르지 않고 진실한 너
꾸준히 노력하는 열정
백사장에 보금자리 만들어
알뜰살뜰 지키는 모성
끈기 있는 집념
닮고 싶다

2018.11.22

도롱뇽 삶

녹색으로 단장한 수풀
유리같이 투명한 실개천
그 속에 네가 서있다

더러운 것은 싫어
깨끗한 것만 좋아하는 너
물살 세지 않은 곳을 친구 삼아
바위틈에 붙어 홀로 낭만을 즐긴다
물이 맑음을 자랑한다

어느 날
집을 내놓으라는 경고
환경파괴가 시작되었다
갈 곳을 잃은 어린 것들
사는 곳까지 침범을 당하고
시들시들 열병이 앓고 있다

자연이 준 선물
지키고 공존해야 될 의무
도롱뇽 들 두 손에
피켓을 들고 일어섰다 2018.11.15

형설지공

암흑천지 개똥벌레 반짝반짝 빛을 밝힌다
빛이 어둠을 몰아내니 희망이 솟아난다

호롱불 밝히며 주경야독
날이 새는지도 모르고 글 읽는 소리
봉창에 새어 나온다
할 수 있다는 의지
집념하나 꿈을 펼친다

어려운 역경 속에서 피워낸 꽃
더 높은 산봉우리를 향한 발돋움
삶의 풍요로운 향기가 난다

제2장

숟가락

동이 트면 분주한 하루의 시작
짹짹 거리는 참새들의 노랫소리
일용할 양식을 얻기 위해 합창을 한다

그를 외면 못하고 어머니 몰래 가져온
양식을 뿌려준다

작은 부리로
모이를 먹는 너희들은
숟가락이 없어도 한 끼 식사를
우아하게 하고 있다

저들은 여전히 변함없는데
북적거리던 우리네 밥상은
다 떠나 버리고
허전한 바람만 일고 있다

가지런히 줄 맞춘 숟가락
주인을 잃고
그리움만 식탁에 앉아서
덩그러니 외롭다

2022.03.17

호롱불

어둠이 찾아오면
정지문 여닫는 소리
가마솥에 군불 때는 소리
어머니 손길이 바빠진다

무럭무럭 피어나는 김
두레 밥상에 옹기종기
정감이 넘치고 있다

어둠을 물리치는 호롱불
호랑이 담배 피우던 이야기
껌딱지처럼
점점 좁혀진다
바다같이 넓고 끈끈한 정

호롱불 밑에서
무수한 별빛을 보며 꿈을 키웠다
지금
대낮 같은 밝은 세상에서도
그 풍경이 너울거린다

2021.10.21

주인 잃은 호미

적막이 내려앉은
그리움이 묻어 있는 옛집

인적 없는 곳곳마다
거미줄만 보금자리를 짓고 있다
주인 잃은 호미 괭이
덩그러니 꽂혀
주인을 기다리고 있다

한때는 자리 앉아 있을 틈도 없었는데
그때를 기다려본다

생기 잃은 곳에 불빛이 새어 나오고
굴뚝엔 하얀 기쁨이 뭉게뭉게 피어오른다
마당엔 채송화 봉선화 방긋방긋
꿈틀대는 땅들이 일이신다

잠자던 괭이 호미
나들이 준비로 분주하다

귀농을 했다는 기쁜 소식이
들려온다

2018.09.13

우물은 휴식 중

옛 정겨움이 묻어있는 그곳에 가면
뜨거운 햇살 막을 지붕 하나 씌어 놓고
열 자 길이의 우물이 있다

길손들 지나가다 목축이고
아낙들 한 동이 두 동이
물독에 식수를 들어다 붓고
옛사랑이 묻어있던 곳

보름달 뜨던 저녁 살며시 찾아가
그리움을 퍼내는 곳
꿈이 있고 사랑이 흐르던 곳

고운 사연을 간직하고 역사 속에 갇혔다
어느 공원에 홀로 서서
지나는 이들의 가슴을 달래주는
유물로 남아있다 2018.05.24

숯불

어스름 날이 밝아지면
가마솥에 물을 덥힌다
아궁이가 훨훨 꽃물결을 친다

세수할 물
목욕할 물
가마솥은 터줏대감
덜컹덜컹 덩달아 신이 났다

하루의 시작을 준비해 준
힘의 에너지

할 일을 다한 너는
화로에 담겨서
또 다른 기쁨을 준다

군고구마, 알밤이
자리를 비집고 들어온다
밀리고 돌리는 자태

정겨운 이들 긴 겨울밤
알밤과 군고구마의 사랑이
숯불처럼 뜨겁다

2020.10.22

챙이

정지문 벽에 [*]챙이는
늘 그 자리를 지키고 있다

대가족 식솔들 거느리며
아침이면 알곡과 쭉정이를
고르는 어머니의 작업은
반복되는 일과였다

다 떠나고 없는 텅 빈 옛집
파란 그리움만 가득 안고
무성한 풀들만 키 높이만큼
자라고 있다

주인이 오기만을 기다린 세월
기다림 은 눈이 진물려졌다

그러나 너는
세월 앞에서 도
더욱 귀한 모습으로
터줏대감으로
자리하고 있다 2021.05.07

*챙이 : 곡식들을 까불러서 쭉정이, 티끌, 검부러기 등의 불순물을
걸러내는 데 쓰는 도구(키(표준말)/전라도 사투리)

항아리

만삭이 다 되었다
기쁨이 충만한 모습
가슴에 많은 것을 간직하고
햇살 붙들고 하늘 향해 서있다

꿈 많던 시절
궁금증 가슴 졸이던 시간
온갖 보물 안고 유혹을 한다
장독대는 채송화 봉숭아 은은하게 펼쳐져
유년의 추억을 안고 곱게 피어있다
묵은장 달콤함을 그대로 간직한 채
곰삭고 있다

어머니 손때 묻은 정성
반질반질 빛나고 있다 2018.03.22

난로 위 도시락

햇살이 엿보는 창 너머에
옹알옹알 반짝이는 눈망울
시간의 흐름에
목표를 향해 올라간다

우리 교실

터줏대감 자리 잡은 따스한 난로
뚜껑이 덜컹덜컹
김이 모락모락

정심 시간이 되어 간다는 알림
난로 위 양은도시락 하나둘 포개어 진다
네 것이 위로
내 것은 밑으로 처지고
그때부터 경쟁은 시작된다
잊을 수 없는 달콤함이다

지식이 더해가고 일용할 양식이
모락모락 익어가고
따뜻한 정이 더해간다

2018.10.04

하얀 고무신

뜰방 앞에 가지런하게
묵묵히 무게를 잡고 있다
긴 세월같이 했던 동반자
진 땅이나 마른 땅이나
고통의 세월도 늘 같이했던 친구
장에 갈 때면 하얗게 단장을 하고
설레게 했던 아버지의 분신

밑바닥 닳도록 살아온 세월
생의 한 자락을 풍미하며
삶의 고비를 함께했던 웃음들

세월 앞에서도 꿈짝 안 하고
늘 대기 중인 하얀 고무신
텅 빈 집 홀로 빛난다 2016.11.17

풍물놀이

시방은
아카시아 흩날리며
숨을 고르는 시간

끈끈한 인정으로 모인
동래 아낙들 수다 소리
뒷 갱번이 들썩들썩
소나무가 흔들흔들
하늘 높이 치솟는다

한판에 놀이가 시작되고
북통을 메고
궁글채로 장단을 맞추며
꽹과리 소리에
참새가 공중으로 날고
손뼉 소리 요란하다

신나는 한 판이 벌어졌다

신명 많은 우리의 정서
전통놀이로 맨발이어도 좋다

농번기가 끝날 즈음
벌어졌던 행사
지금은 그리움만 추억이 된 2022.05.26

만남

칠흑같이 무거운 밤
님 그리워 잠 못 들고
휘영청 밝은 달을 보고
그리운 님
액자 속에 담아둔다

무덤

하얀 눈송이가 서럽게 내린다
슬픔 가득 마음에 차곡차곡 쌓여간다

꿈속에서라도 가보고 싶었던 고향
끝내 가보지 못하고 가슴속에 묻어버린 슬픔
영혼 되어 찾아오고
하얀 눈꽃 세상 축복송을 들으며
떠났던 자리

세상 모든 것 버렸다
한 평이면 만족한다
세속에 더럽혀진 마음
침묵으로 인내하며

따스한 봄날이 오면 슬픔은 가슴에 묻고
파릇파릇 새싹이 돋아난다

소녀상

나를 잊지 마세요
잊히는 건 너무 슬퍼요
눈 비가 내리는 길도
하늘에 흰 구름 흘려가듯이
항상 같이하고 싶어요

꿈 많던 시절
꿈을 잃어버리고
사랑하던 이들을 모두 잃어버린
슬픈 사연을 아시나요

믿어요 당신들을
내 이 허망한 삶
진정한 사과와 속죄를 기다려요

천인공노할 만행
세계만방에 알리어
부끄럽지 않은 역사가 되고 싶어요

2018.04.19

세탁기의 반란

삶이 녹록치 않다

온갖 잡음이 쏟아져 들어온다
향기롭기도 하고
쿰쿰하기도 하고
인내심에는 한계가 있다

참고 기다리는 것도 미덕이라지만
마구 버리고 던지고
눈이 시리고 귀가 따갑다

가끔은 안아주고 만져주고
엉클어진 마음을 풀어도 주었다

드디어 반란이 시작된다
쿵쿵쿵캉
세상을 뒤집을 기세다
조용히 너와
타협을 해야 겠다
서로 사랑하자고

2018.05.03

허수아비

황금물결 일렁이는 가을 들녘
주단을 깔았다
가을 나뭇잎 알록달록 단장을 하고
임 맞을 준비로 바쁘다

뒤뜰엔 붉은 감이 주렁주렁 익어가고
가을의 풍성함이 영글어 가는 여정
홀로 외롭게 서있는 허수아비
누굴 기다리나
한껏 멋을 부리고 있다

날으는 새들도 훠이훠이 떠나가고
무대도 막을 내리는데
양 팔을 흔들며
아픈 마음 감추고
안간힘을 쓰고 있네

2016.11.03

잠녀(해녀)

눈이 부시도록 은빛 갈 반짝이는 수평선 너머
머무르는 시선
넓고 푸르른 이곳은 나의 일터
거친 바다 속 그대들은 나의 친구
친구 찾아 깊은 심해의 쉼터로
길을 찾는다
길동무 동행하던 숙련된 기교
가끔은 숨비소리로 가다듬고
신비로운 세상을 찾아간다

소라 전복 미역 톳 우뭇가사리
웃으며 맞아주고
세상으로 같이 온 친구들 햇살 맞아
빛을 보며 할기기 넘친다
우리는 같이 동행해야 할 영원한 친구
포근히 손을 잡는다

자전거 사랑

청명한 가을 하늘 뭉게구름 두둥실
솜사탕 휘날리며 지나갈 때
그리움 울컥울컥 가슴 저민다

코스모스 하늘하늘 신작로 길
사랑 실은 자전거 하이킹
그 길에서 마주친 눈빛 하나
가슴속 사랑하나 키웠네

앞에서 이끌고 뒤에서 밀며
톱니바퀴 맞춘 십 리 등하굣길
알곡 영글어 갈 때
휘파람 불며 사랑 노래 불렀네

아련한 그리움
행복으로 자리 잡고
필름 풀리며 사무치네

바위

하늘을 품고
넓은 마음을 담은 너를

케이블카를 타기도 하고
땀을 뻘뻘 흘리며 너를 만나러 간다

둥글 넙적 이슬방울도 흘러내리는 고귀한 자태
난간 위에 펼쳐놓고
신비롭고 경이롭다

밟고 굴리고 뛰어도
싫은 기색 한번 하지 않는다
꿈적하지 않고 다 받아들인다

어떤 시련에도 단단하게 여물어져
흔들리지 않는 뚝심
반기는 자상함

조그만 심경 변화에도
흔들리는 갈대

언제나 변치 않는 심지
너를 닮고 싶다 2018.10.11

매실 엑기스

꽃송이 탐스럽게 피어
가지마다 몽실몽실
유혹하며 손짓할 때
향기 취한 연인들 어깨춤을 추었다

늘어진 가지마다 주렁주렁
열매를 달고
결실을 기다린다
달콤한 사랑으로 되돌아가야 할 운명

다정한 이의 향긋한 차로
찾는 달콤함에 허기를 메우고
이슬 맺힌 이마에 땀을 씻어주는
음료로도 변신을 한다

필요한 곳마다 찾아가 도움을 주는
인생의 동반자 2016.05.27

구름에 갇힌 달

뿌연 안개가
검은 하늘 위에
실눈을 뜨고 있다

구름 속에 가려진 보름달
고향 하늘을 밝혀야 하는데
근심을 가득 안고
제대로 눈을 뜰 수가 없다

한가위 기쁨
벅차던 가슴 어디 가고
슬픔으로 가득 차 있다
자식 위한 어머니의 간절한
두 손 모은 기도
효험이 없나

세상이 흉흉
검은 가면을 쓴 너는
어디서 온 걸까
갈 길을 못 찾아가고
발길을 묶고 놓지 않는다 2020.10.08

텔레비전

모든 걸 알고 있는 만능박사
항상 같이 있어 외롭지 않고
무한의 잠재 능력을 가지고 있다

너로 인해 시간을 빼앗아 버린 미움
돌아서 영영 오지 않을 것
마음 다잡아 보지만
금방 돌아서면 후회뿐
참을 수가 없다
너를 사랑하는 마음
매료시킨 너의 매력에 빠져
돌아설 수가 없구나

많은 걸 포옹하고 감싸주고
넘치게 채우리라
마법의 덫을 가진
너는 요술쟁이 2016.11.24

선물

기쁨을 듬뿍 주는 귀염둥이
뿔뿔뿔 기어 다니다 뒤뚱뒤뚱
픽 쓰러지고 미끄러지고
칠전팔기로 일어나 걷는다

삶에 활기를 주는 꼬맹이
사랑이 메말라가는 세상
사랑이라는 이름을 붙여서
사랑 사랑 불러보자

검은 눈동자 왕방울 달았다
쫑긋 세운 두 귀
마음을 빼앗아간 너는
어느 요정에서 온 귀한 선물

따뜻하고 화목하게
기쁨을 주는 사랑 전도사

제3장

노숙인

지하철 역사 안 떠나갈 듯 호령 소리
큰소리로 자신을 안위한다

한때는 인자한 모습
꽃술처럼 감싸던 피붙이들
다 떠나보내고
논고동처럼 빈 껍질

큰 캐리어 가방
버리지 못할 상념들이
석류알처럼 가득하다

행복했던 기억들 다 묻어버리고
삽지 못할 생각에 연연하며
허덕이는 우선의 삶

이제는 모든 걸 버려야 할 때
기러기처럼 날고 싶다 2021.06.17

까치 부부의 이별

전봇대에 나란히 앉아
찍찍 짹짹
다정스러운 모습
금슬 좋은 까치 부부

도로는 그들의 길이 아니었다
요단강이라도 된단 말인가
도로에 떨어진 까치
청천벽력 같은 사고
무심한 차들은 아랑곳없이
계속 질주한다

안타까운 남은 까치
이리저리 뛰어본다
발을 동동 구르며
울부짖는다

견딜 수 없는 설움

숲으로 가야 할 너는
삭막한 시멘트 도심

먹이를 구하러 왔었더냐
인간 세상 구경이라도 왔었느냐
길을 잃고 헤매었구나

홀로된 저 까치의 설움
누가 달래나 2021.05.27

참새의 보금자리

햇살 가득한 마당 한 모퉁이
아장아장 종종걸음
한 손을 오므려 올려도
차지 않은 여리디여린 생명

어디서 왔을까
작은 날개 흔들며
어미 찾다
길을 잃었을까

어디서도 발붙일 곳 없어
헤매고 방황하다
딱딱한 시멘트 위
보금자리 만들려 하지만

딱딱 소리만
가슴 아프게 한다

2019.04.18

은행나무

창을 열면
등불 밝히고
자리를 지키며
밝은 얼굴로 반긴다
오가는 이들을 기쁨으로
맞이한다

지난밤 *하이선에 시달려
얼마나 몸서리쳤는지
분신을 다 잃고 넋이 나가 있다
언제나 너는 주는 사랑만 했는데
그 마음 몰라주어 안타깝다

님을 위해 버티어야 한다고
마음을 가다 담는다
싹도 틔우고 새 옷도 갈아입고
결실도 맺어야 한다
곧 찾아올 가을이와 함께
노랗게 물들이고
님을 기다려야겠다

2020.09.24

*하이선 : 2020.09, 10호 태풍이름

이기대

하늘은 바다를 품고
하얀 포말 일으키며 너울너울 춤추는 푸르름
유람선 넓은 가슴을 안고 바다를 항해한다
다섯 개로 보이다
여섯 개로 보일 듯 말 듯 다가서면 사라지는
오륙도의 신비함
이기대의 충절의 넋이 깃든 숭고함
은빛으로 빛난다

소라 향기 멍게
구수한 사투리 아지매
사랑의 손짓하며 유혹할 때
인정 어린 마음 그냥 가지 못한다
멍게, 성게 입에서 사르르 녹고
짭조름 바다 내음 정겹다
부산의 자랑스러운 이기대
기녀들 정기로 힘이 솟는다

갈대숲

강나루 건너
바람결 따라
흔들이는 몸짓이 있다

군무를 이루며 은빛 물결
하얀 손 흔들며
기다리는 여심

가을이 쓸쓸하다
기러기 날고
이제나저제나 기다리는 마음
떠난 이늘이 돌아오길 간절하며
물결의 일렁임에도
따뜻한 가슴에 품는다

우리는 늘 누군가를 기다리며 사는 것
그리움을
그리운 이를
기다림에 말라가는 갈대 순정 2020.10.15

홍시

어귀 진 골목길 돌아가면
장승처럼 서있는 감나무
두 팔 늘어 드린 저 가지에
알알이 매달린 저 홍시

무게를 못 이긴 가지마다
풍년이다

서걱대는 바람에도
가슴이 따뜻하다

철철히 나를 탐하더니
어디 갔나

합죽 입에 좋아하던 엄니
흔적도 없고
빨갛게 고은 결실은
천연덕스럽다

그리움을 가득 안고
가을은 저물어 간다 2020.10.29

너도바람꽃

구름도 쉬어가는 산등선
하늬바람 살랑살랑
몸 부딪칠 때
잠결에도 그리움 가슴에 안았다

겨우내 언 땅에 웅크렸다
기지개를 켜고
은밀하게 손을 내민다

활짝 밝은 모습으로 웃고 있지만
연약한 몸을 부여잡고
말로 토해내지 못한 답답함
가슴에 응어리 진채
바람 따라 마음도 흔들흔들
기다린 세월
지고지순한 사랑

너도바람꽃
나는 그리움

2021.03.25

은행나무

파란 하늘 위에
노란 옷 갈아입고
제 마음 보이고 있다

풍성한 갈바람이
스칠 때마다
감미로운 리듬에
구름 사이를 뛰어 노닌다

한 잎 물고 놓치지 않으려고
버티고 있는 저 까치
깜장과 노랑의 조화가 정겹다

황금 주단을 깔아놓고
그리움이 물씬 풍긴 너의 속내
이 가을 누구에게 편지를 쓸까

벗은 가지 위에
그리움을 달아놓고
설레던 가슴 쓸어내리며
황혼의 해가 넘어간다 2021.10.07

모란꽃

장독대 옆에 자리 잡고
봄이 오면 꽃봉오리도
어여삐 고개 들고 있다

장맛이 최고라고 우길 때
내 모습이 최고라고
청록색 새색시같이
봉긋한 볼 붉은 얼굴을 내민다

어머니 손길로 씻고 닦은
장독대를 벗 삼아 봉긋이
맺히는 사랑마다 탐스럽다

절개의 상징이라는 꽃말
따스한 손길
어머니가 수놓은 배게 닢
모란꽃 밤에도 피워 따스하다

어지러운 세상
활짝 만개해 정화한다　　　　2022.04.14

까치밥

가을바람이 스산하게 불어오고
웅성대던 돌담집 아랫목
설렁하게 찬바람이 일고 있다

그리워 늘 찾아가지만
텅 빈 흔적들만 자리를 지키고 있다

그리움에 익어가는 홍시
인정만큼 나눠주고
날아가는 까치 몫도 챙긴다
앙상한 가지 위 대롱대롱 까치밥을 달고
그림자에도 벌떡 일어선다

텅 빈 그리움만 안고
변함없는 지조로 지키는 버팀목
날아가는 까치가 부럽다 2016.10.20

옥수수

석양이 지는 노을빛
풍경화 그려지고
붉은 열기로 영글어 가는
풍성한 결실

오롯한 가족들 덕석을 깔아 놓은
마당에 둘러앉고
하늘엔 셀 수도 없는 별들 반짝인다

옥수수 한 알 두 알
정이 쌓여가고
할머니 옛이야기 밤 가는 줄 모른다
손자 재롱에 웃음이 담장을 넘고
옥수수 하모니카 불며
여름을 붙잡는다

2010.10.08

양귀비꽃을 보며

푸르름 살포시 내려앉고
꽃대 올리며 주먹 불끈 쥐고
한 겹 한 겹 펼치는 한상의 꽃
요염하고 귀태 넘치는 모습

노오란 수술 위로 치마폭 펼치며
활활 타오르는 유혹의 손길
누가 덫에 걸려들는지

귀태만큼 천대받은 운명
아름다운 뒷모습 뒤에 감춰진 피눈물

매화 향 익어가는 마을

낙동강이 흘러가는 곳
엿가락처럼 늘어지는 오후
기적을 울리며 기차가 엮이어 온다
늘어진 기찻길 따라 정겹게 놓여 있는 마을

그리움이 얼기설기 묻어나는 매화꽃 피는 마을

눈이 부시게 웃고 있는 함박웃음
송이송이 몽실몽실

매화 향 가득 안고 손짓할 때
향기 취한 연인들 하얀 꿈에 젖는다

꽃망울 머금고 결실을 맺어야 할 운명
십십마다 매화 향 익어가는 소리
이끌림에 찾아드는 아우성 2016.04

목련화

솜털 구름 흘러가는 평온
햇살 따스한 담벼락
주인 없는 빈집을 지키는 지조
몸은 앙상하게 메말라가고
그리움에 지쳐 눈물도 말라버렸다

여기저기서 뾰족뾰족 기지개 켜는 소리
귀를 쫑긋 세우며 달려가 보자
기다림은 기쁨으로 바뀌고
내 몸에도 이상 기운이 돋는다
살짝살짝 한 겹씩 걸치며
하얀 드레스 갈아입고
고귀한 자태 뽐내고 있다

모진 겨울 견디며
기다림에 겨웠던 고통도
오직 너를 위해 견디어온 세월
백옥 같은 너의 자태로
당당하게 나선다

이팝나무를 보며

하얀 행복이 내려앉은 봄날
눈이 부신 햇살 아래
싱그러운 푸르름 드리우고
두 팔 벌려 환영한다

지나가는 걸인도
집 나간 아들도
허기진 배를 채우라고
하얀 고봉밥을 양손에 들고
기다리는 심정

초록이 물결치는 넓은 마음
이팝나무 고봉밥을 담고
늘어지는 오후

끝없는 어머니 사랑

가로수

구름 위 푸르름 펼쳐놓고
생에 활기를 펴고 있다

하루가 바쁘다
귀가 아프다 경적소리
웅성웅성 다투는 소리

키도 커야 하고 숲도 만들어야 한다
내 앞을 지나는 이들에게 무엇을 줄까
향기를 줄까
그늘을 줄까
머지않아 열매도 맺어야 한다
행복을 주는 일은 시곗바늘처럼 돌아간다

한 생을 사는 바쁜 하루
해가 뉘엿뉘엿 넘어간다 2016.06.02

꽃길

하랑 하랑 꿈결처럼 날아오른다
눈 내리는 길만이 눈길이 아니다

봄날 비늘 같은 꽃비가 내린다
기다리던 바람은 꽃 화환을 쓰고
일제히 일어섰다

꽃비는 웅성웅성 꽃길을 만들고
펑 하고 터뜨린 송이송이
하얀 치아를 들어내 웃고 있다

기쁨 환희
너와 나 꽃의 연인
꽃길 사뿐히 걸어걸어
백년가약을 하자

2018.04.05

동백꽃 사랑

싸늘한 바람이 불어오고
살갗을 에워싸는 냉랭한 기운이
모진 인내심을 싹트게 한다

보아주지 않아도 기다리는 여심
하늘 향해 푸르름을 펼치며
뜨거운 가슴을 억제하며
너를 향한 뜨거운 사랑
한 송이 꽃으로 피어난다

붉은 정열 불태우지만
봐주지 않는 슬픔
붉은 선혈 뚝뚝 떨어진다

2018.04.26

찔레꽃

등이 굽은 십 리 길
책 보따리 둘러메고
맑은 하늘 올려다보던
해맑았던 눈동자들

마냥 즐겁고 신났던 하굣길
아카시아 향기 흩날리며
흐드러지게 핀 찔레꽃
수줍은 가시내의 순정

허기진 배 찔레 순 꺾어
너 하나 나 하나 먹고
아카시아 잎 따서
가위바위보 하던

어느 하늘 아래서
그리움 안고 있을
찔레꽃 순정

2019.05.30

뒤뜰의 감나무

뒤뜰에 홀로 서서
외로움 꾹꾹 참고
지샌 날이 얼마인가

풋풋한 정
하나둘 떠나보내고
껍질을 한 꺼풀씩 벗으며
인고의 시간을 보낸다

관심이라도 끌어 보려고
주렁주렁 사랑을 달아보지만
아무도 관심이 없다

먼 산은 유일한 나의 친구
푸르름이 오색으로 물들어 갈 즈음
기다림의 결실도 점점
붉은색으로 물들어 간다

기다림으로 승화한 어머니의
빨간 사랑 하나
꼭지에 남아 기다린다

2019.10.10

모과나무

늠름한 두 그루의 모과나무
어여삐 분홍 옷 갈아입고
오가는 길손을 맞고 있다

하나둘 찾아오는 걸음걸음
푸르름을 자랑하며 관심을 받은 너
세상에 시끄러운 소리가 싫어
귀 닫고 침묵하더니
오직 한 길
결실을 맺는다

누가 너를 못생겼다고 놀렸니
이렇게 이쁘고 탐스러운데
두 손을 꼭 잡고 듬직한 팔을 붙들고 있다

노오란 따뜻함과 평온함으로
물들어 갈 즈음
세상 욕심 버리고
은은한 향기 나누며 떠난다　　　2019.10.24

사랑이

까만 눈동자 커다란 눈
마스카라를 올린 것 같은 눈썹
쌍꺼풀이 지고 우수에 잠긴 눈

토기 같은 두 귀를 쫑긋 세우고
엄마 말을 잘 듣는 귀염둥이
입은 쌩긋 웃으며
꼬리를 흔든다

두 손과 두발로 재롱도 떨고
귀염을 독차지한다

기쁨을 주고 사랑을 주며
너와 나는
함께 살아가는 인생의 동반자

2017.11.01

삼정그린코아에는 삼정이가 살고 있다

삼정그린코아에 삼정이가 살고 있다
인간의 냉대로 낭떠러지로 간 삼정이
메마른 땅에도 사랑은 있었다

구사일생 살아난 삼정이
다시 힘을 찾은 동반자
위대한 사랑의 힘

그리운 이들을 위해
몇 번의 고난을 겪으면서도
다시 찾아온 보금자리

별처럼 빛나고
윤기 나는 머릿결
은혜를 잊지 않겠다는 각오
재롱둥이

예리와 삼정이 다정한 모습
삶의 동반자

제4장

마음의 거울

새순이 뽀 쪽 뽀 쪽 얼굴을
내밀고 있다
겨우내 어둠 속을 뚫고
밝은 세상을 향해서
이쁜 미소를 머금고
살며시 들이밀고 있다

새순과 묵은 것의 조화
연륜이 쌓여 가면 밝은 모습
책임에 무게를 가진다
마음 밭을 잘 가꾸어
심술이 싹 트지 않도록
정화해야 한다

툭하면 터져 나오려고 한다

아름다움을 맺기 위한 결실 2019.03.28

만월

불빛 속에서
존재를 잊어버리고
외로움을 가슴에 담고
홀로 서있다

어둠을 밝히는 의무를
찾기 위해 출동을 했다

반짝이는 별빛에게
구원 요청을 한다
내 전력을 보여 주려고
쿵덕 쿵 떡방아도 찧어보고
밝은 빛으로 너의 마음에
스며들고 있다

그래
드디어 반짝반짝
플래시를 터트린다

밝은 빛 더 둥글게 둥글게 비춘다 2021.10.14

길

아장아장 까치가 걷고 있다
사물들이 신기한 듯
두리번거리며 걷고 있다

파릇파릇 돋아나 싱그러움
은행잎 도 팔랑 거린다

가지 말아야 할 길이 있다
위험을 무릅쓴 인도 차도로
철없는 행동
길 위에서 방향을 잃었다

우리는 가지 말아야 할 길을
얼마나 갔던가
되돌릴 수 없는 후회도
때 이른 시간

먼 길을 찾아간다
홀로 선 다는 것은
외로운 길이다

2022.04.28

코로나19

너의 정체는 누구냐

전 세계를 사로잡은 너는
어떤 얼굴을 하고 있을까

생활습관을 바꾸어 놓고
얼굴을 꼭꼭 숨으라 하네

두 눈으로 세상을 주시하라고 하네

지금까지 어떻게 살아왔는지
되돌아보라고 하네

만물을 지배하려는 욕심을
내려놓으라고 하네

2020.03

장미 넝쿨

으르렁 으르렁 손을 펼친다
붉은 정열을 품고

따스한 햇살이 내려오면
눈부심에 부스스
화려한 변신
비상을 꿈꾼다

원앙처럼 다정한 꿈을 꾸며
고통과 인내로 피워낸 붉은 사랑
담벼락을 휘돌아가며
열정을 쏟는다

살며시 검은 구름이 내려와
정열의 사랑도 외면한다
감탄은 사라지고
입을 막는다
눈으로도 봐주는 이 없다

가시 돋친 독선으로 대항해 보지만
막을 수 없다
소름이 돋는다

2020.06.11

마음의 청소

먹구름이 쌓이고
먹먹한 가슴
온갖 탐욕이 가득하다

죄와 욕심의 굴레
미운 감정 가득한
끝없는 자만심

마음을 정화하기 다짐
더러운 오물들을 깨끗이
씻어 버리자
펑펑 쏟아지는 정화수
죄악을 벗어 버리자

곧 오실 그 님을 기다리며 2019.04.11

보르네오 섬

세계에서 3번째로 큰 섬
자연과 인간이 어우러져
간직한 신비로움

키나발루의 산 위
뭉게구름 펼쳐 저 꿈이 있는 곳
바다와 만남으로
꿈과 염원을 담은 노을빛
바다에 풍덩 빠진 석양
황홀히 불타는 섬

오염되지 않은 청정해역
반딧불이 반짝반짝
자연을 훼손하지 말라고 외치고 있다

원주민들의 신비함
둥근 지구 아래 이 모양 저 모양의 삶의 모습
모두 한 하늘 아래 살아가야 할 운명
염원한다
서로 사랑하길 2019.11.21

저 높은 곳을 향하여

아침이 분주하다
천천히는 사라지고
에스컬레이터는 몸살이다
분주히 오르고 뛴다

서있기만 해도 도달하는 곳
살짝만 건드려도
너 죽고 나 살기 로다

더 높이 서기 위해
밀치고 당기고 쓰러뜨리고
욕망은 끝이 없고
오늘 하늘이 낮다

높은 봉우리 올라서기 위한
경쟁의 삶
줄다리기에서 이기기 위해
밀리고 떠밀려가고
승리를 위해 달음박질친다

끝이 어디일지 두렵다
느림의 삶이 필요하다

2021.04.22

암흑 속에서도 봄은 오고

검은 그림자가
세상을 뒤덮어
침울함이 맴돌고 있다

빛이 보이지 않은 어둠
강한 손길이 필요하다

그 어둠 속에서 도
봄은 우리 곁에 살짝살짝
툭하고 싹을 틔우며
한 발짝씩 다가오고 있다

어둠을 물리치는 각오로
아픈 상처를 터트리며
앙증맞은 꽃술 탁 탁
빛이 되고
환하게 세상을 비춘다

꽃으로 다가와
강한 빛
자연의 생명력으로 정화한다
그리고 봄

2021.03.18

미꾸라지의 반란

잠잠히 흐르는 갯 개울
따뜻한 햇살 받으며
디스코 경연 대회라도 하는 듯
신이 났다

진흙 펄은 우리의 보금자리
머드팩으로 치장하고
제각기 잘났다고 뽐낸다

제 목소리가 최고라고 우기며
뛰어올라 보지만
그 자리가 제자리다

출세를 꿈꾸며 머리 먼저
내밀어 보지만 용이 될 수는 없다
녹록치 않은 세상
목소리를 낮추어야 하나

통발에 갇혀 발을 구르고
탈출을 꿈꾸지만
자유를 잃은 신세가 된다 2020.09.03

수영강에서

한낮의 강은 바쁘다
수양버들 우거진 숲이 헤엄치고
빌딩들이 간들간들 내려앉고
물오리 떼 한가로이 물결 따라 흐른다

세상 잡념과 오염을 간직한 채
강은 소리 없이 흘려만 가고
잔잔한 너를 따라
나는 호흡 빠른 걷기를 하고
놀이동산 나루공원
애견들 나뒹군다

숨겨진 언어들 눈빛으로 주고받고
못 본 체 침묵으로 일관한다

이제 우리는
어디쯤에서 다시 만날까 2021.04.01

아침 풍경

은 빛깔의 영롱한 아침 바다
하루를 여는 시간
분주히 움직이는 손길들

교통수단은 다동원 되었다

하늘을 제트기처럼 나는 비행기
거센 파도를 가르는 유람선
하얀 포말을 일으키며 멀어져 간다
빛의 속도로 달리는 K.T.X
하루의 일과가 해결된다
가물가물 선율 위의 달리기 경쟁
손과 발이 되어준 버스 택시
편리한 세상

한 폭의 그림

설레는 봄 향기
바람 타고 날아오고
세월의 흐름을 타고
변화되는 풍경화 2019.03.14

가을바람

침묵하던 어느 날
인내심을 꾹꾹 누르는 심정

물러설 줄 모르고
버티는 폭염

그사이로 휘익 휘익
시원함을 불어넣는다
알알이 맺은 결실 덤으로 오고
심술부리던 폭염을 멀리 내친다

풍성한 들녘
따스한 햇살
결실을 맺으라고
가을바람이 자꾸 꿈을 싣고 나른다

2018.09.20

가을 여정

바람도 창문 넘어 서늘히 밀려오고
초록은 하나둘 단장을 한다
빨간 옷을 입을까
주홍색이 어떨까
노란색이 좋겠어

풋풋한 만남 노랗게 결실을 맺어
하나 둘 사랑을 나눠준다
긴 산고의 아픔
기쁨을 맞이한다

황금 노을 지는 여정
가야 할 때가 된 듯
훌훌 털고 강인함으로 단련한다 2016.09.29

가로등

모두가 떠나버린 허허벌판
외로움에 길들여진 마음
가끔씩 지나가는 길손들
반가워 손짓한다
왕방울 눈을 크게 뜨고
보고픈 이를 기다린다

멀대같은 키
멋이 없다 하지만
어둠 속에서는 진짜 멋진
지태를 뽐내고 있다

고향 찾아온 너를 볼 때면
더 이상 놓칠 수 없다는 다짐
몸엔 금빛 열정을 쏟고 있다

꿈을 안고 인내하며
오직 변치 않는 등불로
머물러 있다

2018.03.29

가을 전어

가을이 익어가는 서녘 하늘
하루의 마감을 알리는 시간
생에 지친 파도 잠잠해지고
은빛 물결 풀어헤친 바다는
온통 고소함이 넘치고 있다

바쁜 손길 놓고 당기는 투쟁
희생에 마음을 내려놓고
많은 이들의 즐거움을 택한다

집 나간 며느리도 불러들이고
깨 서 말쯤 집안에 쌓아두며
인심을 베푼다

살아가는 인생사 넉넉한 인심
가을이 은빛으로 물들다

2016.09.22

아침 바다 실종

파아란 하늘은 쪽빛 바다와 다정히 손잡고
돛단배 통통통 노를 저으며 하루를 연다
갈매기 넘나드는 사이 북항대교가 늠름하게 들어서 있고
두둥실 떠가는 흰 구름 파아란 천위에 그림을 그린다

소리 없는 햇살은 살며시 내려앉아
금 빛깔의 주단을 깔고 눈이 부시다
북항 개발로 바다는 점점 육지로 변하고
거대한 빌딩들이 들어서
바다의 성을 이루었다
먼 훗날 은 빛깔의 바다는 육지로 변하여
실존을 잊고 근원도 모르리라

조금씩 다가 가 너를 붙들려고 하지만
한 발짝 도망가는 파노여
바다는 저만치 가고 그 자리 내가 가고 있다

가을비

가을 산이 손꼽아 기다린다
겹겹이 쌓인 낙엽 위로 가을비가 눕는다

살들이 사각이는 소리
그대 발자국이 속삭이는 소리
가을이 가는 소리

빗방울이 터지는 소리를 들으며 걷는다
우산 속에서
나도 환하게 터진다

유리창

빗방울 이 별처럼 박히더니
점점 영롱하게 보석처럼 빛난다
눈사람이 되기도 하고
꼬리를 흔드는 올챙이 도 된다

이슬 머금은 풋풋한 신록
화폭에 담고
그 속에 뛰어다니고 있다

사철의 그림을 그리며
황홀한 감상에 젖어
내면을 비추어 본다

그리운 이들이여
눈 빛에서 다 멀어졌구나
빗방울처럼 보였다 사라지고
새로운 그림을 그려본다 2021.06.03

향기를 전하다

늠름하게 서서 오가는 이들
말동무가 되고
손짓하며 다정했던 길동무

가을의 길목에 서서
바람이 스치는 소리에도
한 잎씩 떨구며 손 흔든다

마지막손을 놓지 않으려고
노란 결실의 향내 풍기며
입을 악물고 있다

풋풋하고 기세 등등하던 시절
어디 가고
힘없는 눈망울
욕망 없는 의식으로 손만 잡는다

이제는 가야 할 때가 된 듯
꽉 붙든 손길 놓고 향기 가득한
이쁜 분신을 툭하고 떨어뜨려 준다

2020.11.19

구름

가을걷이가 한창이다
수확한 볍씨가 바닥에
자리를 펴고 누웠다

한가로이 빨랫줄에 친구들
바람에 휘날리며
키재기를 하고
백색의 눈부심이 돋보인다

솜뭉치처럼 두둥실 떠다니는 구름
눈송이가 되었다가
솜사탕이 되었다가
여기저기 기웃기웃 비추며
햇살과 숨비꼭질하고 있다

가을 끝자락
햇살을 살짝 비춰 주었다가
가려 주었다가
조리개 역할을 하는 구름

잉크 하는 너스레
풍경화를 펼친다

2020.11.12

찻잔

담장 너머 초록이 싱그럽다
맑은 하늘빛
생동하는 푸르름에 구름 되어 날아본다

다소곳이 앉아 앙증맞은
너와 내가 만나
향긋한 차향을 맞는다
지긋이 다가오는 향기에 취해
살며시 빠져든다
맑은 찻잔에 비친 마음
슬그머니 담겨본다

마음과 마음이 만나는 설렘
차 한 잔의 여유로움
담소를 나누던 정겨움

찻잔과 맺은 사랑
우리 사랑

거울

거울 속에 넌 말이 없다
얼굴은 책임을 져야 한다지
살아온 세월이 얼굴에 있다

너의 마음은 포근할 것 같았는데
무덤덤한 너
넌 누구이니

꽃잎 흩날리며 지나온 시간들
부끄럽지 않은 삶을 위해
무거운 짐을 걸머지고 고개를 넘어서고 있다

뒤돌아보며 돌아보며 거울 앞에선 나
어깨에 앉은 먼지도 털어내며
거울에게 내 참모습 물어본다

시가 있는 낙엽길

햇살 담아와 온몸에 물들이고
갈바람과 동행하고 있다

세상에서 최고 예쁘다고
뽐내며 으스댄다

낙엽 쌓인 골목길
속 깊은 언어 들을 담고
시가 나뒹굴고 있다

가을길에서 주은 낙엽들
오색 시집이 된다

시 속에는 전 세계가 보인다
어릴 적 코 흘리게 시절
가슴이 설렌다

2021.11.04

생존

수정궁 같은 어항 속
구피와 달팽이
숫 것의 요염한 자태로
너울너울 유혹의 손길

옹기종기 모여 산호성을
이루는 달팽이의 꽃무리

서로 다른 종 한집에서
사는 법을 터득한다

구피들이 남겨놓은 이물질
착한 달팽이 들은 청소부가 된다

더불어 살아가는 세상
달팽이와 구피들은
한 쌍에 조화를 이룬다

상생하며 조화로워
우리가 배워야 할 가르침
네가 나의 스승이다

작품해설

임미숙 시인의 시 세계

– 시집 〈형설지공〉을 읽고

문인선

임미숙 시인의 시 세계
- 시집 〈형설지공〉을 읽고

문 인 선
(경성대 시창작아카데미 교수, 시인)

그의 시는 부모님의 사랑에 대한 그리움에서 출발한다.

어린 시절의 추억은 고향의 추억이며 길러주신 부모님에 대한 그리움이다. 그 그리움은 곧 효심의 발로이기도 하다. 하여 그 마음자리는 그 무엇보다 상위에 있을 것이다. 효는 모든 행실의 근본이라 하지 않았던가. 부모님에 대한 그리움과 효심을 가진 사람치고 반듯하지 않은 사람은 없다. 어쩌면 진실로 시인의 소양을 갖고 있는 사람이라 할 것이다. 뿐만 아니라 시인은 잊혀져가는 우리의 옛 향토문화에 대해서도 애착을 갖고 재구해 낸다. 그의 연민이야 여러 대상들 까치거나 상아지거니 동물에 대한 연민도 사람을 대하는 것과 못지않다. 어디 그 뿐이랴 경쟁 시대를 살아가는 현실에 대한 비판 또한 예리하다. 이는 그가 옛 것에 대한 그리움을 깊이 간직하고 아쉬워하는 마음이 더 크기 때문이리라.

이렇게 시인의 시 세계는 크게 네 축으로 나누어 볼 수 있다.

1. 부모님의 사랑에 대한 그리움, 그 효孝

시집의 거의 반을 차지할 정도로, 아니 거의 전체를 차지할 정도라 해도 과언이 아닐 정도다. 어머니 아버지의 사랑이 가득 쌓여 있다. 이리도 부모님의 사랑에 대한 그리움이 절절한 시인은 흔치 않다. <어머니의 추석> <어머니의 신발> <김장하는 날> <걸음마의 연습> <항아리> <아버지의 고무신> <굽은 등> <낙타> 이외에도 여러 편의 시속에서 잘 드러나고 있다.

그의 시 <굽은 등>을 보자

시 속에는 어머니의 인품도 훤히 엿볼 수 있다. 들에 일하러 나가면서도 정갈히 참빗 머리단장을 하고 나가시는 어머니, 그건 단순히 멋을 부리기 위함이 아니다. 근면과 성실을 실천하는 어머니의 마음 자세다. 일을 대 함에도 성의와 예의를 다함이었던 듯하다.

참빛이 엄니 머리 위에서 바쁘니
방구석에 허리 접고 누워있던
몸뻬가 먼저 일어선다

굽은 등이 펴진다

엄니 뭐 하러 가요
이제 그 일 좀 그만하랑께요

듣는 척도 안 하고 나간다

이놈아 사람은 자고로
일을 해야 한당께
일이 없으면 죽는 거야
너그들도 다 이렇게 해서 키웠당께
암말 하지 말어

엄니 굽은 등
키 보다 더 높은 짐을 싣고
그 높은 자식 사랑도 싣고
힘든 고개를 넘고 있다

- <굽은 등> 전문

"이제 그 일 좀 그만 하랑께요" "이놈아 사람은 자고로/ 일을 해야 한당께/ 일이 없으면 죽는 거여/ 너그들도 다 이렇게 해서 키웠당게"

모녀가 주고받는 정겨운 대화다. 토속어를 그대로 씀으로써 더욱 시적 맛과 리얼함이 전달된다. 딸인 시적 화사는 이머니가 이제 좀 편하게 사셨으면 좋겠나고 생각한다. 그 효심이 일 나가시는 어머니를 말린다. 근면과 성실을 삶의 근본으로 삼고 살아온 어머니는 사람은 일을 해야 한다고, 삶의 값을 다하는 것이라고 생각하는 어머니의 자식 사랑을 본다. "엄니 굽은 등/ 키보다 더 높은 짐을 싣고/ 그 높은 자식 사랑도 싣고/ 힘든 고개를 넘고 있다"고 한다. 지켜보는 자식의 마음속에서는 효심이 죽순처럼 쑥쑥 자라고 있다. 어디

그뿐이겠는가.

어머님의 그 가 없는 사랑을 늘 잊지 못한다 그 효심은 어머니 사랑뿐이 아니다.

시 <낙타>에서는 아버지의 사랑을 그려내고 있다. 낙타에 비유하여 표출한다.

시 <낙타>를 보자

극한의 땅/척박한 곳에서

앞만 보고 걷는 충직함

동백처럼 푸르른 삶
기세 등등/불호령하던 시절

다 어디 갔을까/낙타처럼 굽은 등

처진 어깨
천근 같은 무게를 안고/오직 자식 사랑

힘든 고비 길 넘기고

땅만 보면서 걷는다

- <낙타> 전문

우리의 부모님들은 누구나 다 그리 넉넉하고 풍족하게 살지 못한 시대였다.

어려운 살림살이에도 오직 성실과 정직을 우직하리만치 실천하며 살아온 부모님의 삶과 자식 사랑을 본다. 어려운 살림살이에도 여러 자식을 키우며 살아낸 부모님의 그 사랑을 어찌 다 헤아릴 수 있을까 마는 막막한 사막을 등짐 가득 짊어지고 터벅터벅 걷고 있는 낙타의 모습이 바로 아버지의 모습인 것이다. "힘든 고비를 넘기고/ 땅만 보고 걷는다" 그랬으리라. 여러 자식들 한 참 공부시키느라 당신의 입엔 풀칠인들 제대로 했을라. 그런 고비 다 넘기고 이제는 농사에 감사하며 땅을 벗어나지 못하고 땅만 보고 걷는다고 할 것이다.

아버지의 힘겨운 삶을 그려내기 위해 낙타라는 상관물을 끌고 온 것은 독자들에게 공감을 불러일으키기에 충분하다. 선연히 힘겹게 살아온 모습이 연상되는 시편이다. 좋은 비유는 좋은 시를 만드는데 좋은 질료가 된다.

어디 그 뿐이랴 댓돌 앞에 홀로 쓸쓸히 놓여 있는 <아버지의 고무신>을 보고는 오일장에 다녀오시는 아버지께서 딸에게 쥐여줄 선물을 기다리던 일이며 장독대를 바라보며 아기자기 어머니의 사랑을 띠올린다. <장마 옹기에 담다>

임미숙 시인의 시의 장점이요 특징이 많은 말을 하지 않는다는 것, 시의 가장 기본에 충실한 그의 시 쓰기인 간결하고 함축적인 시 쓰기가 그의 장점이며 특징이기도 하다.

2. 잊혀져 가는 향토문화의 재현

한판에 놀이가 시작되고
북통을 메고
궁글채로 장단을 맞추며
꽹과리 소리에
참새가 공중으로 날고
손뼉 소리 요란하다

신나는 한 판이 벌어졌다

신명 많은 우리의 정서
전통놀이로 맨발이어도 좋다

농번기가 끝날 즈음
벌어졌던 행사
지금은 그리움만 추억이 된

- <풍물놀이> 일부

신명 많은 우리 민족의 놀이문화였던 풍물놀이가 벌어진 것이다.

농사를 지으며 살던 시골 사람들에게는 농번기만큼 크고 중요한 일이 없다. 이때가 되면 마을 사람들은 네 것, 내 것이 없이 하나로 공동체적 삶을 실천해 내며 살았다. 오늘은 이 집에 모여 모를 심고 내일은 저 집 논에 가 모를 심고 앞집 뒷집의 농사일이 마을의 일이었고 이 집 저 집 경사가 마을의 경사였다. 슬픔도 어려움도 함께 나누며 살았다. 일 년 농사

일의 가장 중심인 모심기가 끝나면 마을 사람들은 모여서 돼지를 잡고 북장구를 치며 온 마을 잔치를 벌인다. 아이 어른 모여서 신명 나게 하루를 즐긴다. 그러던 지난날들은 이제 옛 전설이 되어가고 있다. 이 시적 화자는 그러한 문화가 사라져 가는 것이 안타깝고 그립다. 하여, 고향의 정겹던 추억, 놀이문화를 시로 재현해 내는 것이다.

시집갈 딸아이 이불 채비
어두운 눈을 비비며
눈물 한 방울 흘리고
코도 훌쩍훌쩍

바다 같은 마음
손수 만드는 정성

오월의 여왕 장미
흐드러진 넝쿨
꽃잎 따다 얹고
바느질에 사랑을 꿰맨다

—<이불> 일부

잊혀져가는 우리의 옛 문화가 어디 이뿐이겠는가.

시집가는 딸을 위해 마당에 덕석을 펼쳐놓고 동네 사람 바느질 솜씨 좋은 아낙들은 다 모여서 새신랑 신부가 덮을 이불을 꿰매고 만드는 풍경도 진풍경 이었다(시 이불)에서.

호롱불 밑에서 코를 끄으름에 까맣게 묻혀 가며 소위 호랑이도 담배 피웠다는 옛날이야기에 귀를 쫑긋거리던 순진무구한 그림 같은 풍경을, 지금은 문명의 이기 속에 다 까마득한 전설이 되어버린 그 정겹던 시절의 이야기들을 시인은 재구해 내고 있다 (시 호롱불)에서.

끊임없이 발전되어온 문명의 이기는 인류에게 얼마나 행복을 가져다주었는가?

행복보다는 편리를 가져다주었으나 실은 각박함과 무정함을 갖게 되었고 개인주의에 팽배한 삶을 살아가게 되었다. 시인은 그 어린 시절 지금처럼 발전과 편리함이야 못했어도 그날의 정과 사랑이 그리운 것이다.

그 정서를 잘 드러내면서 잊히어져 가는 문화를 재현해 내고 있다는 데서 시의 가치를 더한다. 시 <숯불> <우물은 휴식 중> 그 외에도 두레박으로 물 긷던 시골의 우물, 알곡을 가리던 <챙이> 등 요즘은 볼 수 없는 당시의 풍경과 생활농기구를 소환해 냄으로써 잊히어져 가는 문화를 되돌아보게 한다. 그런 의미에서 현대에 보기 드문 소중한 시편들이라 하겠다.

3. 대상에 대한 연민

땅에 기어가는 작은 개미 한 마리에도 밟힐까 두려워하는 마음, 그런 아이적 여린 심성을 우리 모두가 지금도 갖고 있다면 세상은 얼마나 아름다울 수 있을 것이다. 모든 사람들이 어린아이처럼 그런 마음을 갖고 있다면 거친 세상의 이야기는 아예 없을 것이고 발생하지도 않을 것이다. 저 아침마다 들어야 하는 거친 사건의 뉴스는 듣지 않아도 되었을 것이다.

그러나 아무리 거친 세상이라도 시인만큼은 그 연민의 정으로 세상을 바라보고 그렇게 살아야 할 것이겠다. 그것이 또한 시인이 지녀야 할 심성이며 자세일 것이다

여기 임미숙 시인의 시편들이 연민의 정을 물씬 풍기는 시편들로 가득하다. 그 연민의 정은 그의 시선에 들어오는 모든 대상에게 다 미친다. 식물에서부터 곤충이든 조류든 모든 지상의 가시적인 대상들에게 다 미친다. 그의 시 까치 부부의 이별을 보자.

도로는 그들의 길이 아니었다
요단강이라도 된단 말인가
도로에 떨어진 까치
청천벽력 같은 사고
무심한 차들은 아랑곳없이
계속 질주한다

안타까운 남은 까치
이리저리 뛰어본다
발을 동동 구르며
울부짖는다

견딜 수 없는 설움

숲으로 가야 할 너는
삭막한 시멘트 도심
먹이를 구하러 왔었더냐
인간 세상 구경이라도 왔었느냐
길을 잃고 헤매었구나

홀로된 저 까치의 설움
누가 달래나

-<까치 부부의 이별> 일부

까치 부부가 전봇대에 앉아 서로 사랑스럽게 세상 얘기를 나누고 있다, 그 모습을 바라보던 시적 화자도 흐뭇하다. 그러다 아뿔싸! 헛발을 디뎠을까? 한 마리가 전봇대에서 떨어졌다. 무심한 자동차들은 가로질러 달리니 한 마리 까치는 사고를 당하고 만다. 그러니 그들에겐 '길이 길이 아니고 요단강이라고' 시의 화자는 말한다. 이는 곧 조류나 동물들에겐 사람 사는 곳이 위험하고 죽음의 그림자가 도사리고 있는 곳, 즉 사람 아닌 다른 생명들에겐 삶과 죽음의 경계가 되는 매정한 곳임을 단정하고 있다. 자연과 문명화된 도시의 경계, 그곳은 삶과 죽음의 경계인지도 모르겠다. 특히 자연과 더불어 살아야 하는 동물들에겐 그렇다. 자연과 문명, 자연과 환경의 문제를 다시금 생각게 하는 시다. 남은 까치는 울부짖으며 발을 동동 굴러보지만 아무런 방법이 없다. 그 남은 까치의 안타깝고 가족 잃은 설움을 지켜보는 시인은 그냥 지나

칠 수가 없다. 함께 마음 졸이며 지켜보지만 이미 벌어진 사고 앞에 까치와 함께 안타까워하는 일 밖에는. 시인도 시적 화자도 까치와 함께 발을 구르며 울었으리라. 그 마음이 그 상황이 잘 전달되어오는 그 모습이 선연히 그려지는 시다. 독자에게도 찡하게 울림을 준다. 문명의 이기에 편승 되어 살아가는 인간의 매정함을 다시 한 번 돌아보게 하는 결고운 시다.

시 <참새의 보금자리>에서도 어린 참새 한 마리가 마당 시멘트 바닥에 내려 앉아 헤매는 모습을 보고 안쓰러워 가슴 아파하기도 하는 시인의 마음을 본다.

어디서 왔을까
작은 날개 흔들며
어미 찾다
길을 잃었을까

어디서도 발붙일 곳 없어
헤매고 방황하다
딱딱한 시멘트 위
보금자리 만들려 하지만

딱딱 소리만
가슴 아프게 한다

- <참새의 보금자리> 일부

태풍에 잎이 뜯겨 나간 가로수를 보고도 분신 다 떠나보낸

가로수의 마음을 아프게 바라보는 그는 어찌 살아 움직이는 새를 보고야 무심할 수가 없다. 마당에 내려 앉아 이리저리 홀로 방황하는 듯한 모습을 보고 저 또 어미를 잃었구나. 싶어 더 가슴을 아파한다. 그에게 맞지 않은 시멘트 바닥이 더욱 안타깝게 느껴진다. 이 연민의 심성이 가슴에 가득한 시인이 어찌 사람을 대하고서야 그냥 있겠는가. 그것도 소외된 노숙인을 보고서야

> 지하철 역사 안 떠나갈 듯 호령 소리/큰소리로 자신을 안위한다
>
> 한때는 인자한 모습/꽃술처럼 감싸던 피붙이들
> 다 떠나보내고/논고동처럼 빈 껍질
>
> 큰 캐리어 가방/버리지 못할 상념들이/석류알처럼 가득하다
>
> 행복했던 기억들 다 묻어버리고
> 잡지 못할 생각에 연연하며/허덕이는 우선의 삶
>
> 이제는 모든 걸 버려야 할 때/기러기처럼 날고 싶다
>
> - <노숙인> 전문

지하철 역사 안에서 한 노숙인을 만난다. 그는 살아온 날들과 지금의 처지를 생각하며 끓어오르는 울화를 고함으로 달랬는지 모른다. 시인은 그 노숙인을 바라보면서 그의 지내온 삶을 되짚어 가 본다. 그랬을 것이다. 지금처럼 저 험상궂은 모습이 아닌 인자한 모습으로 "꽃술처럼 감싸던 피붙이들

/다 떠나보내고/ 논고동처럼 빈 껍질"에 비유하여 표현한다. 그랬을 것이다. 그도 한 때는 자상한 모습의 가장으로 자식들을 꽃술처럼 감싸며 최선을 다해 키웠을 것이다. 그렇게 키운 자식들 다 떠나가고 이제 논고동 껍질처럼 홀로 되어 노숙의 처지가 되었을 것이다. 저 곁에 있는 가방에는 옷도 돈도 먹을 것도 아닌 버리지 못한 상념들, 견딜 수 없는 상념들로 가득할 것이다. 라고 시적 화자는 상상하며 그의 삶을 되짚어 낸다. 이제는 소용없는 지난날들의 행복했던 기억들을 버리지 못하는 것일 거라고 그래서 저리 고함도 쳐보는 것일 거라고 상상하며 이제는 버려야 할 때라고 시적 화자는 말한다. 그러면서 그의 마음은 기러기처럼 날고 싶을 것이라고 상상한다. 진정한 시인은 아무리 흉악한 범법자라도 그의 현상을 나무라기 전에 그럴 수 밖에 없었던 그의 근본적 이유에 대해 사유해 볼 줄 알아야 한다. 그런 의미에서 임미숙 시인은 참 시인이며 그의 시 또한 결이 곱다

이런 소외계층, 낮은 곳에 연민의 시선을 보내고 그들의 마음을 살펴 읽어내는 침 시인, 참 시라 할 것이다.

4. 경쟁 시대를 살아가는 현실에 대한 인식과 비판

경쟁 시대를 살아가는 그는 현대사회의 부조리와 모순에 대한 인식이 확고하다, 하여, 그에 대한 비판은 당연한 것인지도 모른다.

어디 그 뿐이 아니다. 자연을 함부로 사용한 인간들에도 경각심을 불러일으킨다.

그러기에 그는 먼저 자신을 돌아보고 성찰하기에 한 치의 게으름이 없다. 스스로를 채근하며 반듯한 길로 가려고 애쓰는 그의 시편들, 시 <마음의 청소> <마음의 거울> 시 <길>이 그것들이다.

그의 시 <마음의 청소>에서는 탐욕을 더러운 오물이라고 규정하며 펑펑 쏟아지는 정화수에 마음을 정화하기를 다짐하기도 하고 깨끗이 씻어버리자고 한다. 시 <마음의 거울>에서는 새순이 뾰족뾰족 내미는 것을 보면서 묵은 순은 어린 순을 잘 이끌어야 하고 스스로 잘 다스리어 책임과 무게를 가져야 한다고 어른의 역할을 잎순에 비유하여 역설하기도 한다.

<길>에서는 차도에서 방황하는 까치를 보며 나는 "가지 말아야 할 길을 얼마나 갔던가" 하고 스스로를 성찰 반성하기에 주저함이 없다.

아침이 분주하다
천천히는 사라지고
에스컬레이터는 몸살이다/분주히 오르고 뛴다

서있기만 해도 도달하는 곳/살짝만 건드려도/너 죽고 나
살기 로다

더 높이 서기 위해/밀치고 당기고 쓰러뜨리고

욕망은 끝이 없고/오늘 하늘이 낮다

높은 봉우리 올라서기 위한/경쟁의 삶
줄다리기에서 이기기 위해/밀리고 떠밀려가고
승리를 위해 달음박질친다

끝이 어디일지 두렵다/느림의 삶이 필요하다
-<저 높은 곳을 향하여> 전문

이 시의 1연에서는 현대샐러리맨들의 아침 출근 시간을 그리고 있는 듯하다. 그러나 그 다음 연부터는 얘기가 다르다. "살짝 건드려도 /너 죽고 나 살기로다"라고 한다. 살짝 건드렸는데 왜 죽기 살기의 극한 값이 나올까 다음 연을 보자. "더 높이 서기 위해/밀치고 당기고 쓰러뜨리고" 욕망은 끝이 없고 "오늘 하늘은 낮다"고 한다. 직설적인 이 표현들은 경쟁 사회에서의 냉정하고 비정한 삶의 모습들을 잘 드러내고 있다. 내가 오르기 위해서는 네가 쓰러져야 하고 내가 나아가기 위해서는 너를 끌어내야 한다. 이것이 현대 경쟁 사회의 신년목이다. 인간의 욕망을 상징하듯 높이 솟은 저 빌딩 속에서 쏟아져 나오며 서로 웃고 떠드는 모습 속에는 너는 내 적이고 경쟁자라는 날카로운 마음들이 자리하고 있는지도 모른다. 주어진 현실에 만족을 못하는 사람들, 언제부터 우리는 이렇게 치열히 또는 매정히 경쟁하며 살아왔을까. 이렇게 치열한 사회 살이가 이 시인에게는 불편하다. 못마땅하다. 지양해야 할 일들이다. 정점에 오르기를 너무 서두르고 끝이 보이지 않는 이 치열한 경쟁에서 벗어나 천천히 가는 느림의 미학이 필요하다고 꼬집는다. 그렇다. 시인의 마음처럼만 한다면 세상은 평화가 오지 않을까 싶다.

코로나 19에서는 간결하고 직설적으로 우리 모두의 반성을 촉구하기도 한다. 인간이 만물의 영장이라는 것도 내려놓으라고 한다. 자연 앞에 겸허하여 자연을 함부로 대하지 말라는 경각심을 불러일으키고 있는 이 시는 자연이 우리에게 하는 명령으로 읽히기도 한다.

너의 정체는 누구냐

전 세계를 사로잡은 너는
어떤 얼굴을 하고 있을까

생활습관을 바꾸어 놓고
얼굴을 꼭꼭 숨으라 하네

두 눈으로 세상을 주시하라고 하네

지금까지 어떻게 살아왔는지
되돌아보라고 하네

만물을 지배하려는 욕심을
내려놓으라고 하네

- <코로나 19> 전문

시 <코로나 19>에서는 코로나 19로 두 눈만 내놓고 마스크를 쓰지 않으면 안 되게 하는 것이 "두 눈으로 세상을 주시하라고 하는" 것이라고 정곡을 지른다. 지금까지 살아온 것을 돌아보고 반성하길 바라는 시다, 인간이 만물을 지배할 수 있다는, 인간이 우주적 중심에 있다고 생각하는 그 무모한 신념을 버리라는 경고라고 보았다. 그러한 정신 자세가 인류의 재앙을 가져 온 것이라고. 환기시키고 있다.

임미숙 시인의 시는 전통시의 기본에 충실하다. 함축미와 간결성이 그것이다. 전혀 가식이나 치장이 없다. 언어의 경제성, 행의 길이도 시의 길이도 짧고 딱 할 말만 한다. 부모님의 사랑에 대한 그리움에서 출발한 그의 시는 결이 곱다. 하여 세상의 소외계층이나 식물, 조류에게까지 연민의 시선을 놓치지 않으면서 사라져가는 우리고유의 옛 전통문화에 대한 안타까움으로 전통문화를 재구해 내는 시편들은 현대사회, 현대문학에서도 귀하고 가치롭다. 언제나 자신을 돌아보고 성찰하는 그의 시적 통찰과 인식은 앞뒤 가리지 않고 치닫기만 하는 현대사회의 생활방식에 경고를 던지기도 한다. 그의 삶과 품성과 시가 똑 같아 읽는 독자도 흐뭇하다.

변함없는 그의 성품처럼, 그의 시처럼 서두르지 않아서 이미 써 둔 작품만도 200편이 넘는데도 이제 첫 시집을 상재 한다. 축하하는 필자의 마음도 크고 깊어진다. 진심으로 축하해 마지않는다.

임미숙 시집

형설지공

초판1쇄 발행 2023년 7월 14일

지은이 임미숙
펴낸이 이길안
펴낸곳 세종출판사

주소 부산광역시 중구 흑교로 71번길 12 (보수동2가)
전화 051－463－5898, 253－2213~5
팩스 051－248－4880
전자우편 sjpl5898@daum.net

출판등록 제02-01-96

ISBN 979－11－5979－592－3 03810

값 13,000원